BIBLIOTHÈQUE
DES ÉCOLES ET DES FAMILLES

MONTYON

PAR

Mme GUSTAVE DEMOULIN

LIVRE DE LECTURE A L'USAGE DES ÉCOLES
ET DE LA CLASSE PRÉPARATOIRE
des lycées et collèges

PARIS
LIBRAIRIE HACHETTE ET Cie
79, boulevard Saint-Germain, 79

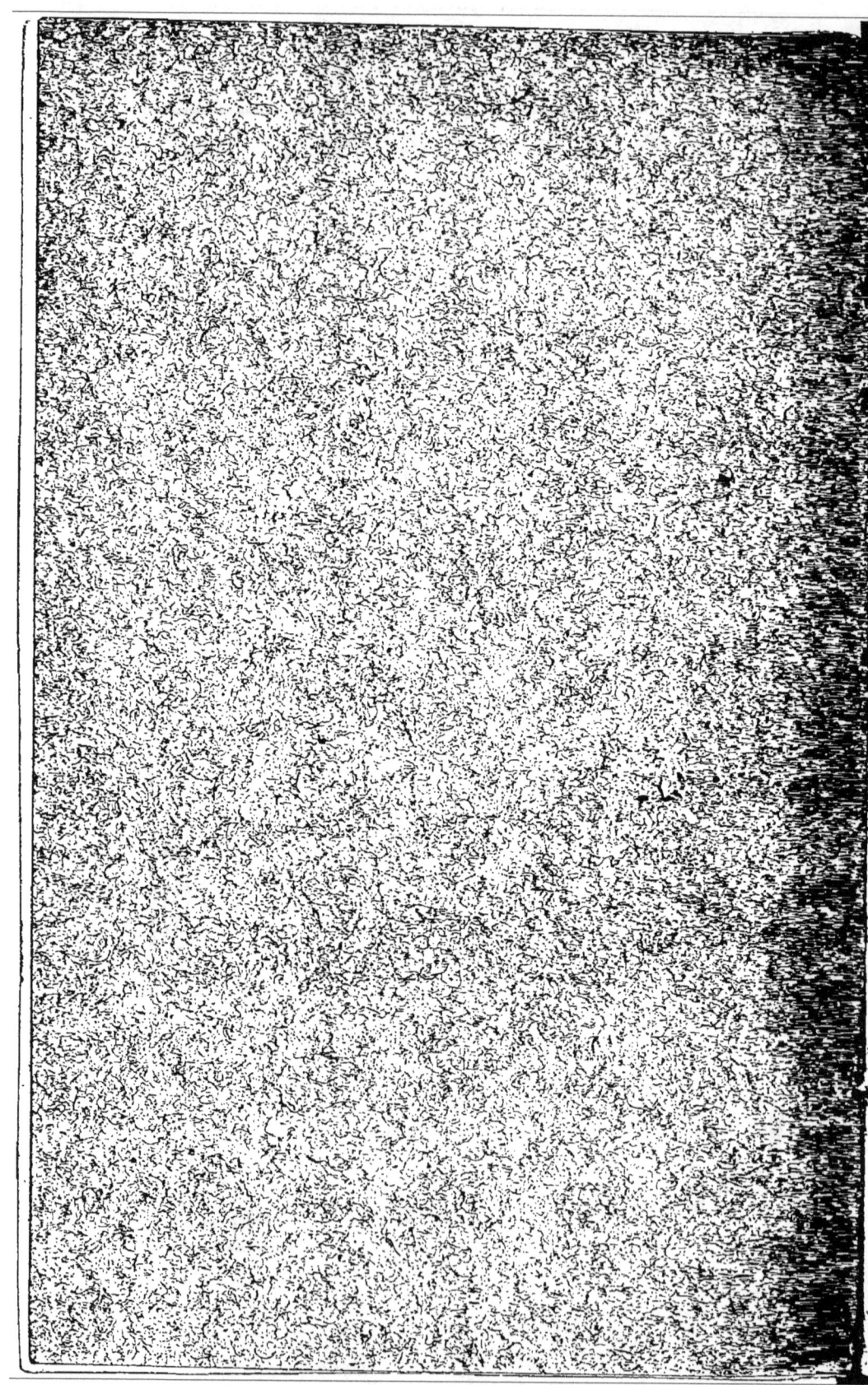

BIBLIOTHÈQUE
DES ÉCOLES ET DES FAMILLES

MONTYON

PAR

MME GUSTAVE DEMOULIN

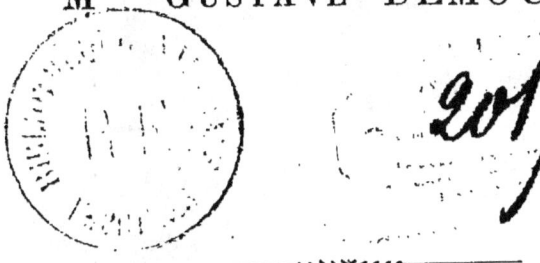

PARIS
LIBRAIRIE HACHETTE ET Cie
79, Boulevard Saint-Germain, 79.

1884

Droits de propriété et de traduction réservés

M. DE MONTYON.

MONTYON

Antoine-Jean-Baptiste-Robert Auget de Montyon naquit à Paris, le 23 décembre 1733.

Il était fils de Jean-Baptiste-Robert Auget, baron de Montyon et seigneur de Chambry, conseiller du roi et maître en la Chambre des comptes. Ce nom de Montyon venait d'une terre de Brie érigée en baronie en 1654 et achetée par les Auget en 1705.

Les vertus civiques et privées étaient héréditaires dans cette vieille famille, dont la noblesse sortait de la bourgeoisie; le travail et l'économie y étaient de tradition.

Jean-Baptiste Auget avait une fortune considérable, que, suivant la coutume de l'époque, il légua tout entière à son fils, sans se préoccuper autrement du sort d'une fille née d'un premier mariage.

Mme de Fourqueux, dont le mari devint plus tard ministre d'État de Louis XVI, était une femme d'un grand esprit. Elle ne garda point rancune à son frère de la préférence paternelle et continua d'habiter avec lui le vieil hôtel de famille de la rue des Francs-Bourgeois. Elle se fit un devoir de veiller sur ce frère mineur; elle le produisit à la cour, où son mari avait les meilleures relations, et l'introduisit dans la magistrature. Elle eut ainsi une grande influence sur sa jeunesse et sur son avenir.

Nous savons peu de chose de la jeunesse de Montyon. On peut croire qu'elle fut austère et studieuse, car il fut nommé à vingt-deux ans avocat au Châtelet : situation considérable, qu'on s'étonne de voir occupée par un jeune débutant dans la magistrature et qui ne dût être accordée qu'à un mérite exceptionnel.

Montyon ne tarda pas à justifier la faveur royale. Ses austères vertus, l'élévation de son caractère et la droiture de sa conscience lui attiraient l'estime et la sympathie générales; elles lui valurent le surnom de *Grenadier de la Robe.*

Il était passionné pour le travail, ardent à la recherche de la vérité, d'une équité intelligente, d'une bonté réfléchie, d'une bienfaisance raisonnée.

Il fuyait les plaisirs avec autant d'ardeur que les autres jeunes gens en mettent à les rechercher et étudiait sans relâche, afin de s'élever toujours à la hauteur de la tâche qu'il acceptait. Aussi fut-il successivement et rapidement promu aux charges de conseiller au Grand-Conseil et de maître des requêtes.

C'est dans ces fonctions qu'il eut occasion de donner, pour la première fois, la mesure de sa fermeté et de son impartialité.

Le célèbre La Chalotais, procureur général au Parlement de Bretagne, l'une des lumières de la magistrature française, s'était fait de puissants ennemis par son éloquence fougueuse et son esprit sarcastique. Accusé de démarches séditieuses par le duc d'Aiguillon, gouverneur de Bretagne, dont il avait blessé la vanité, il fut emprisonné avec son fils, magistrat comme lui, dans la citadelle de Saint-Malo, où il subit une longue détention. Il y écrivit, à l'aide d'un cure-dent trempé dans la suie, un *Exposé justificatif* qui excita une grande fermentation dans le monde officiel.

En 1766, le Conseil du roi, voulant s'ériger en commission criminelle pour juger La Chalotais, Montyon fut le seul qui s'opposa courageusement à ce qu'il considérait comme une infraction aux lois de l'État. Ce procès célèbre, porté devant diverses juridictions, n'eut jamais d'issue et, après la mort de Louis XV, La Chalotais rentra dans sa charge.

Avant 1790, les fonctions administratives, judiciaires et financières étaient exercées, dans les trente-deux généralités du royaume, par des magistrats qui portaient le titre d'*intendants généraux des finances*.

Si plusieurs de ces hauts dignitaires mirent leur situation à profit pour pressurer leurs administrés, d'autres s'appliquèrent, au contraire, à améliorer leur sort. Quelques-uns même, initiés aux principes de la science économique, parvenaient à rendre les impôts plus légers et à les mieux répartir.

Au premier rang de ces hommes d'intelligence et de cœur, il faut citer, après Turgot, Montyon, qui profita plus d'une fois de sa fortune personnelle pour aider aux réformes et aux améliorations qu'il tentait.

Ces deux illustres magistrats furent les bienfaiteurs des *généralités* dont l'administration leur fut confiée.

L'Auvergne subissait une crise terrible quand Montyon fut invité à prendre, sans délai, possession de l'intendance de cette province. Les récoltes avaient manqué, la misère et la famine désolaient la contrée et, dans certaines localités, les paysans en étaient réduits à manger l'herbe des champs.

Le nouvel intendant, précédé par sa réputation de vertu et de générosité, fut accueilli comme un sauveur. Néanmoins il fit, par ses libéralités sagement distribuées, plus encore que ce qu'on avait attendu de lui. Il prêcha les riches par l'exemple de sa bienfaisance, releva le courage abattu des paysans, réveilla la dignité des indigents en transformant l'aumône en salaire. Il leur procura de l'ouvrage en faisant exécuter des travaux pour l'assainissement et l'embellissement des villes d'Aurillac et de Mauriac.

Tant de vertus et une ligne de conduite si sage ne mirent point Montyon à l'abri des intrigues ministérielles; il fut victime de sa droiture et de son dévouement à la cause de l'humanité.

Le chancelier Maupeou ayant voulu remplacer l'ancien parlement d'Auvergne par une nouvelle Cour remplie de ses créatures;

MISÈRE DES PAYSANS DE L'AUVERGNE.

Montyon refusa énergiquement de s'y prêter. Cette honnête et ferme attitude ne pouvait manquer d'amener sa disgrâce : on lui enleva son intendance.

Son départ causa un deuil général. Les villes d'Aurillac et de Mauriac consacrèrent son souvenir par des monuments commémoratifs, comme on en élève à la mémoire des grands hommes disparus.

Louis XV ne pouvait frapper ouvertement cet homme de bien par une simple révocation. Il se borna à reléguer le magistrat trop intègre à un rang secondaire et l'envoya en Provence. Là Montyon conjura des malheurs d'un ordre différent : il sauva le commerce en détresse en faisant curer à ses frais le port de Marseille, où les navires ne pouvaient plus entrer pour décharger leurs cargaisons. Ces travaux délivrèrent du même coup la ville des exhalaisons d'un foyer d'infection qui pouvait ramener encore une terrible peste.

La haine et la jalousie le poursuivirent

au milieu de ces généreuses préoccupations. Traité comme un mandataire infidèle et incapable, il fut rappelé de Provence et envoyé à La Rochelle. Il n'y avait pas à s'y méprendre, cette fois encore c'était une disgrâce.

Louis XVI venait de monter sur le trône : Montyon lui adressa un mémoire qui a peut-être le tort d'être une apologie de sa conduite, mais qui est en même temps un procès-verbal très fidèle des actes de son administration.

La réparation fut éclatante et l'intendant d'Aunis fut nommé, en 1775, conseiller d'État.

Les magistrats de cette époque vivaient dans l'opulence, au sein des plaisirs mondains, faisant bonne chère, menant, comme on dit vulgairement, la vie à grandes guides. Moins sages que leurs pères, ils participaient à la frivolité des gens de cour et allaient souriant, de fête en fête, sans apercevoir devant eux le gouffre vers lequel la vieille société se précipitait.

MARSEILLE. — LE VIEUX PORT.

Montyon, au contraire, retiré dans son hôtel du Marais, y vivait en modeste bourgeois. Il était d'une frugalité excessive, qui ne lui permit pas moins d'atteindre à une verte vieillesse; il ne mangeait guère que des œufs, du laitage, des légumes et des fruits. Ce régime austère ne le rendait point morose; il goûtait les joies de la famille et les distractions du monde où l'on cause.

Montyon était lui-même un merveilleux causeur. Il avait, en plus de son érudition, l'élocution facile, la diction nette et élégante, et procurait souvent aux autres le plaisir qu'il savait si bien goûter. Sa prodigieuse mémoire lui fournissait un fonds inépuisable d'anecdotes, qu'il disait avec infiniment d'agrément et qu'il assaisonnait de traits piquants, de réflexions judicieuses, de leçons sous-entendues qui faisaient parfois redouter sa perspicacité.

Il excellait dans les *portraits*, passe-temps littéraire fort en vogue au XVIIIe siècle; jeu dangereux! qui changeait souvent les joueurs en jouteurs et en adversaires impitoyables. Aussi Mme de Staël ne lui pardonna jamais le portrait qu'il fit de son père.

Montyon estimait Necker, mais il ne l'aimait point. Imbu des préjugés du gentilhomme, il le traitait de parvenu, tout en rendant justice à sa « probité incontestable ». Il mettait en relief les défectuosités de son physique et faisait, à tout à propos, sonner haut la défaveur dans laquelle il était tombé.

Tout portraitiste qu'il était, Montyon n'était pas épargné des belles dames de la noblesse qui l'avaient baptisé du sobriquet de *sanglier philanthropique*. Plus d'une grande dame qui riait de lui, l'accusait de jouer la simplicité, d'affecter un ton bourru, fut bien heureuse de profiter plus tard de sa sage parcimonie. L'économie de Montyon n'atteignait que lui-même et se transforma en prodigalité pour secourir les émigrés indigents.

Montyon était loin d'être avare ! il fallait ne le point connaître pour lui appliquer l'épithète d'avaricieux, ainsi qu'on le faisait dans son monde ; mais il était de l'école de Franklin en fait d'économie, et ne concevait pas qu'on pût faire une dépense sans utilité et sans profit pour les autres.

La bienfaisance était au contraire le trait saillant de son caractère, sa vertu dominante, et il aimait à l'exercer en secret.

Le comte Daru ayant un jour parlé devant lui d'un illustre général qui était tombé dans la dernière indigence, Montyon courut quérir huit mille francs et, les apportant à Daru, le chargea de les remettre à son ami infortuné. Il ne voulut point connaître le nom de celui qu'il obligeait et supplia qu'on ne lui divulguât point le sien.

La générosité de Montyon était toujours réfléchie. Il ne donnait pas pour être aimable, mais pour obliger.

***

« Il se trouvait un soir à Londres chez une dame émigrée, fort riche en France et fort malheureuse en pays étranger. Cette dame raconta qu'elle avait formé le projet d'aller à Paris pour tâcher d'obtenir du premier Consul la restitution de ses biens non vendus; elle était si pauvre qu'elle ne pouvait faire le voyage; on se cotisa, il manquait cinq guinées. — Qui m'aurait dit, s'écriait-elle avec un profond soupir, qu'une femme qui avait trois cent mille francs de rentes se trouverait un jour hors d'état de retourner en France, faute de cinq guinées!

» M. de Montyon, qui ne voulait jamais obliger que sous le masque, ne dit rien; mais, le lendemain, cette dame reçoit un bon de cinq guinées. Elle part, réussit dans tous ses projets, et revient à Londres pour terminer quelques affaires. Elle rassemble ses amis et, sans affectation, sans qu'elle puisse rien soupçonner, M. de Montyon lui rappelle le prêt de cinq guinées qui lui avait permis de recouvrer sa fortune. Avez-vous cherché à savoir, lui dit-il, de qui vous les avez reçues.

— Je vous dirai franchement que non. Elles ne peuvent m'avoir été envoyées que par un véritable ami et, en pénétrant ce mystère, j'aurais craint de l'affliger.

— Oui, sans doute, vous l'auriez affligé si vous aviez cherché à le connaître et que vous fussiez restée pauvre; mais vous avez recouvré votre fortune, il faut savoir le nom du prêteur.

— Pourriez-vous m'aider à le découvrir?

— Vous n'iriez pas bien loin.

— Serait-ce vous?

— Comme vous le dites, et je vous redemande mes cinq guinées. »

Ce trait peint Montyon. Il se considérait comme l'intendant des pauvres et il ne voulait pas les frustrer de ce qui leur appartenait. Son superflu était leur nécessaire.

Il avait le génie de la bienfaisance et savait l'exercer.

S'il accordait à grand'peine de l'argent à son régisseur pour des réparations; s'il refusait un délai à un débiteur gêné, c'est quand il croyait que sa générosité serait plus nuisible qu'utile. Il n'hésitait jamais à faire une bonne œuvre, mais refusait impitoyablement de l'argent à un quémandeur.

Il ne donnait jamais qu'à bon escient et à propos, considérant l'aumône comme la moins bonne forme de la bienfaisance.

Ses libéralités étaient toujours faites avec un discernement qui les rendait fécondes. Pour lui aussi, la façon de donner vaut mieux que ce qu'on donne.

« Dans un concours où une Académie n'ayant qu'un prix à décerner, avait distingué quatre ouvrages, trois prix furent successivement offerts dans trois lettres anonymes. On cherchait les trois bienfaiteurs parmi les plus puissants personnages; il n'y en avait qu'un seul, et c'était M. de Montyon. »

« On lui indiqua un jour un jeune littérateur dont les talents s'annonçaient avec éclat, et qui manquait des dons de la fortune. M. de Montyon lui fit offrir une pension, mais ne voulut point être nommé.

— Je n'accepte le bienfait, dit le jeune écrivain, que sous la condition de connaître mon bienfaiteur.

» Le combat dura quelque temps sans qu'il y eût aucun moyen de fléchir la modestie de l'homme d'État et la délicatesse de l'homme de lettres. » (*Lacretelle*.)

Si Montyon ne peut être mis au nombre des philosophes qui firent l'abandon généreux de leurs droits seigneuriaux, il n'était pas non plus de ces grands seigneurs qui émigrèrent par bon ton. Il fut des derniers à sortir de France.

Les émigrés lui imputaient cette conduite à crime, l'accusant de donner ainsi une approbation tacite aux idées nouvelles.

Serait-on mal venu d'avancer qu'il y avait du démocrate dans ce grand seigneur? Ce qui est indéniable, c'est qu'il ne partageait point la haine des émigrés contre les hommes de la Révolution.

« Je proteste, écrivait-il, que dans tout homme je reconnais un frère ; que je m'honore du nom de citoyen et que j'en défendrai les droits tant que j'existerai ; que j'abhorre le despotisme et que nul plus que moi ne mérite le nom de patriote. »

Et ailleurs :

« La loi fondamentale de tous les empires, c'est l'intérêt des peuples, et c'est l'intérêt des peuples qui a créé les rois. Là où finit l'intérêt des peuples, finit la puissance des rois. »

Montyon ne put échapper à la proscription. Le 25 février 1793, il fut déclaré émigré, ses biens furent confisqués.

Il se réfugia en Angleterre, où il resta vingt ans, exerçant la bienfaisance et cultivant les lettres.

Chaque année, il prélevait sur ses revenus, alors fort amoindris, une somme de cinq mille francs pour les émigrés pauvres, une somme égale pour les soldats républicains prisonniers en Angleterre, et dix mille francs qu'il faisait distribuer aux indigents d'Auvergne.

On ne riait plus alors de sa mesquinerie, de sa sobriété pythagoricienne, de sa simplicité de mise, qui le rendaient assez riche pour lui permettre d'être généreux envers les autres !

Montyon revint en France, avec les Bourbons, en 1815.

« Les années, dit Lacretelle, s'étaient accumulées sur sa tête sans lui faire sentir ni le poids ni les chagrins de la vieillesse. Les lettres ne lui avaient jamais été plus chères. Chaque jour, il écrivait le journal de sa vie. En même temps, il entretenait une correspondance active et noblement mystérieuse avec tous les bureaux de bienfaisance. Il avait eu le malheur de survivre à toute sa famille : les indigents lui en formaient une nouvelle. »

Rentré en possession de tous ses biens, il ne s'occupa plus que de bonnes œuvres. Il consacra une somme annuelle de quinze mille francs à retirer du Mont-de-Piété les objets engagés au-dessous de cinq francs par des mères indigentes et dignes d'estime.

Il fit une dotation considérable aux douze mairies de la capitale, pour fournir des secours aux convalescents sortis des hôpitaux. Ces pauvres gens dénués de ressources trouvaient, grâce à sa prévoyante bonté, le moyen d'attendre, sans désespoir, le retour de leurs forces et du travail.

La première fondation de Montyon remonte à 1780. Il avait alors établi un prix annuel, à l'Académie des sciences, *pour des expériences utiles aux arts.*

En 1782, autre fondation de deux prix annuels : l'un, *en faveur de l'ouvrage de littérature dont il pourrait résulter le plus grand bien ;* l'autre, pour récompenser un mémoire ou une expérience ayant pour objet de découvrir *le moyen de rendre les opérations mécaniques moins malsaines pour les artistes et les ouvriers.*

Quand Louis XVI apprit la teneur de cette fondation, il fit écrire à l'Académie des sciences, par son secrétaire d'État, qu'il voyait cet acte de bienfaisance et d'humanité avec la plus vive satisfaction, et qu'il regrettait de n'en pas être l'auteur.

L'année suivante, Montyon fonda deux nouveaux prix : le premier, pour *un mémoire soutenu d'expériences tendant à simplifier les procédés de quelque art mécanique;* le second, pour récompenser *un acte de vertu accompli par un Français pauvre.*

En 1787, un prix pour le meilleur mémoire traitant *une question de médecine.*

Toutes ces fondations, formant un capital de plus de soixante mille francs, avaient été supprimées par la Convention. Montyon les rétablit à son retour en France et y ajouta successivement :

Un prix de *statistique* ;

Un prix de *physiologie experimentale* ;

Un prix de *mécanique*, décernés au jugement de l'Académie des sciences.

Mais, de toutes les belles actions de Montyon, celle qui les résume et les surpasse toutes, dit M. Feugère dans un éloge de Montyon, « c'est son testament ».

Parmi les dispositions que renferme ce monument de bienfaisance, nous extrairons les clauses suivantes :

« Dix mille francs seront mis en rente pour donner un prix à celui qui découvrira les moyens de rendre quelque art mécanique moins malsain, au jugement de l'Académie des sciences.

» Dix mille francs seront mis en rente pour fonder un prix annuel en faveur de celui qui aura trouvé, dans l'année, un moyen de perfectionnement de la science médicale et de l'art chirurgical, au jugement de l'Académie.

» Dix mille francs pour fonder un prix

annuel en faveur d'un Français pauvre qui aura fait, dans l'année, l'action la plus vertueuse.

» Dix mille francs pour fonder un prix en faveur d'un Français qui aura composé et fait paraître le livre le plus utile aux mœurs : ces deux derniers prix sont laissés au jugement de l'Académie française.

» Dix mille francs à *chacun* des hospices des divers arrondissements de Paris pour être distribués en secours aux pauvres à leur sortie de ces établissements.

» Tous ces legs pourront être doublés, triplés et même quadruplés « si l'état de mes biens le permet ».

Montyon ne connaissait donc pas rigoureusement le chiffre de sa fortune. A sa mort, elle fut évaluée à cinq millions; mais c'est, en réalité, plus de sept millions qu'il a légués aux Académies et aux hospices de France.

Il nous reste à présenter Montyon sous un aspect peu connu de la foule.

Bien que son plus glorieux titre à l'admiration soit celui de philanthrope, on ne saurait oublier son talent d'écrivain, qui ajoute encore au mérite de cet homme de bien, car ses écrits avaient toujours un caractère moral d'utilité publique.

Il débuta dans les lettres, en 1777, par l'éloge du chancelier Michel de l'Hôpital, qui obtint le second accessit à l'Académie française.

En 1788, il rédigea, pour le comte d'Artois, le prince de Condé, le duc de Bourbon, le duc d'Enghien et le prince de Conti, le célèbre *Mémoire des Princes*.

Il écrivit un grand nombre d'ouvrages pendant son séjour en Angleterre. Tandis que les émigrés ne cherchaient que les occasions de plaisir et reprenaient à l'étranger cette vie frivole qui avait compromis la France, Montyon partageait son temps entre la bienfaisance et le travail.

En 1796, il publia, en réfutation d'un livre de Calonne intitulé : *Tableau de l'Europe*, un rapport adressé au comte de Provence et qui est considéré comme son œuvre politique capitale. Bien qu'il y défendît l'ancien régime auquel il appartenait, il en reconnaissait les abus, et signalait les réformes nécessaires. Les doctrines qu'il professait dans cette œuvre honnête ne furent pas du goût des royalistes, qui les condamnèrent comme trop libérales.

Pouvaient-ils, en effet, admettre des sentiments tels que ceux ci :

« Dans ces républicains, devenus mes persécuteurs, j'aperçois encore mes concitoyens. Je ne dissimule pas que, sous le nom de Français, dont longtemps je m'honorai, il existe encore, même au sein de la République, des hommes réellement estimables, l'amour de l'humanité et de la patrie, l'idée de rendre l'homme aussi heureux que le comporte l'état social, le projet de faire régner la justice la plus exacte et de supprimer tous les abus; ces idées sont si grandes, ces sentiments sont si nobles, qu'il est possible que leur exaltation, égarant des âmes pures, ait fait considérer des injustices comme des sacrifices nécessaires de l'intérêt particulier à l'intérêt général, et des actions désavouées par la raison et par la morale comme légitimées par le patriotisme. »

Dans ce rapport, Montyon se montre déjà libre-échangiste : il déclare que la liberté du trafic peut seule rendre les peuples riches, et il condamne le régime prohibitif introduit par Colbert.

En 1801, Montyon reçut en prix une médaille d'or de l'Académie de Stockholm, qui avait mis cette question au concours : *Quel jugement doit être porté sur le* XVIII*e siècle ?*

Un autre travail, présenté à la Société royale de Gœttingue, ne fut pas admis à concourir à cause de son étendue. C'est un véritable traité d'économie politique, en même temps que l'œuvre d'un philosophe plein d'humanité. Loin de partager l'opinion des seigneurs de l'époque qui, pour la plupart, considéraient l'instruction nuisible pour le peuple, Montyon écrivait :

« Un des plus grands maux que produit l'excès des impôts, quoique ce soit un de ceux qui excitent le moins de plaintes, c'est, en réduisant le contribuable à la misère, de le priver des moyens de s'instruire, et par là, de stimuler en lui l'intelligence, qui, pour tout homme, est le premier des biens et le moyen d'acquérir tous les autres. Si l'homme a une existence meilleure que celle des bêtes, s'il a empire sur elles, s'il en fait sa propriété, ce n'est pas par la supériorité de ses forces et de son adresse, mais par la supériorité de son intelligence.

» Quand nos pères n'avaient ni l'habitude de réfléchir, ni les éléments des arts, ils étaient nus, habitaient des cavernes, se nourrissaient de glands; mais, quand ils ont raisonné les procédés de l'industrie, ils ont semé des grains, ils ont bâti des maisons, ils ont eu des vêtements, ils ont paru des êtres d'une autre espèce... Entre les individus, la supériorité d'intelligence forme une aristocratie plus réelle que celle établie par les institutions publiques.

» Mais comment, dans les classes indigentes, la faculté intellectuelle pourrait-elle se développer? Cette faculté, la plus éminente, la plus perfectible de toutes, a, comme les facultés physiques, besoin d'être cultivée. On apprend à penser, comme on apprend à faire un usage industrieux de ses mains; or quel moyen de donner une culture suivie à l'intelligence d'hommes sans cesse livrés à des travaux corporels qui absorbent tous les moments de leur existence?...

» Pour l'instruction de cette classe d'hommes, il ne suffirait pas que le gouvernement payât ceux qui enseignent, il faudrait encore qu'il payât ceux qui sont enseignés. »

On voit que Montyon avait considérablement devancé son temps en faisant ainsi l'apologie de l'instruction gratuite et obligatoire !

Montyon fit présenter, en 1808, au concours de l'Institut, un éloge de Corneille, qui ne fut point admis lorsqu'on sut qu'il était l'ouvrage d'un émigré habitant un pays en guerre avec la France. Ce travail fut imprimé à Londres.

Enfin, en 1811, parurent deux volumes sur l'*État statistique du Tonkin*; et, en 1812, *Particularités et observations sur les ministres des finances les plus célèbres depuis* 1660, ouvrage curieux, rempli d'anecdotes intéressantes, que l'on considère comme le plus beau titre de Montyon à la gloire littéraire.

Quoi qu'il en soit, c'est comme bienfaiteur des pauvres, comme philanthrope, que cet homme de bien vivra dans la mémoire des générations.

Montyon mourut le 29 décembre 1820. Ses obsèques furent plus honorées par l'affluence des pauvres gens qui n'y avaient pas été conviés, que par les discours officiels.

Son corps, déposé au cimetière de Vaugirard, fut ensuite solennellement inhumé sous le péristyle de l'Hôtel-Dieu, dans la maison des pauvres, dont il restait encore le bienfaiteur après sa mort.

FIN

Imprimeries réunies, **B**.

BIOGRAPHIES D'HOMMES ILLUSTRES

CHAQUE VOL. : Broché.............. 15 c.
— Couverture en couleurs. 25 c.

Alexandre-le-Grand
Ampère.
Arago.
Beethoven.
Buffon.
Cavour.
César (Jules).
Charles XII.
Christophe Colomb.
Cook.
Cuvier.
Dante.
Daubenton.
De l'Orme (Philib.).
Desaix.
Franklin.
Galilée.
Gama (Vasco de).
Goethe.
Goujon (Jean).
Gutenberg.
Kléber.
La Fontaine.

La Pérouse.
Lavoisier.
Livingstone.
Louvois.
Magellan.
Mahomet.
Michel-Ange.
Mirabeau.
Montyon.
Mozart.
Napoléon Ier.
Necker.
Oberlin.
Palissy (Bernard.)
Papin.
Philippe de Girard.
Puget (Pierre).
Serres (Olivier de).
Solon.
Stéphenson.
Washington.
Watt.

www.ingramcontent.com/pod-product-compliance
Lightning Source LLC
Chambersburg PA
CBHW070704050426
42451CB00008B/496